El antiguo método adivinatorio
de los
ÁNGELES GUARDIANES

imaginador

Francis Roland

El antiguo método adivinatorio de los
✝ · ÁNGELES · ✝
· GUARDIANES ·

Realice una pregunta, tire las cartas
y los ángeles le señalarán el camino

imaginador

133.3	Francis Roland
FRA	El antiguo método adivinatorio de los ángeles guardianes. - 1ª. ed.–Buenos Aires: Grupo Imaginador de Ediciones, 2003.
	64 p.; 20x14 cm.
	ISBN 950-768-425-5
	I. Título – 1. Ángeles-Oráculo

Asesoramiento:
María Eugenia Cugat

Primera edición: 2.000 ejemplares, marzo de 2003
Última reimpresión: 2.000 ejemplares, septiembre de 2003

I.S.B.N.: 950-768-425-5

Se ha hecho el depósito que establece
la Ley 11.723
Copyright by GIDESA
Bartolomé Mitre 3749
Ciudad Autónoma de Buenos Aires
República Argentina
IMPRESO EN ARGENTINA
PRINTED IN ARGENTINA

Reservados todos los derechos. Queda rigurosamente prohibida, sin la autorización escrita de los titulares del Copyright, bajo las sanciones establecidas en las leyes, la reproducción parcial o total de esta obra por cualquier medio o procedimiento, incluidos la reprografía y el tratamiento informático.

BREVES NOTICIAS SOBRE

el mundo

DE

los ángeles

*Los ángeles son amigos invisibles
que Dios nos ha concedido
para nuestra protección.*
Chateaubriand

Los ángeles...
cerca de los hombres

Existe una "jerarquía celestial" según la cual cada tipo diferente tiene asignado un lugar y una función específica.

De entre todos los seres angélicos, los denominados ángeles guardianes son los que están más cerca de los seres humanos, y tienen como función específica la de protegerlos y ayudarlos de manera permanente.

Pero, además de ellos, existen otros como los serafines, los querubines y los bien conocidos arcángeles.

Para hacer más claros estos conceptos, a continuación presentamos un breve esquema que ejemplifica el orden en el mundo celestial: nueve coros angélicos, divididos en tres jerarquías de acuerdo con su proximidad al Señor.

FRANCIS ROLAND

JERARQUÍA CELESTIAL

SEGÚN SANTO TOMÁS DE AQUINO*
Y SAN DIONISIO AEROPAGITA**

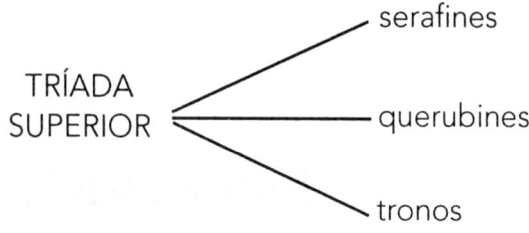

TRÍADA SUPERIOR
- serafines
- querubines
- tronos

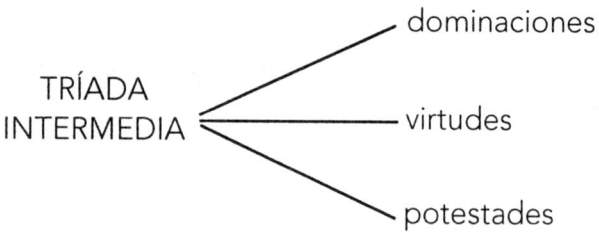

TRÍADA INTERMEDIA
- dominaciones
- virtudes
- potestades

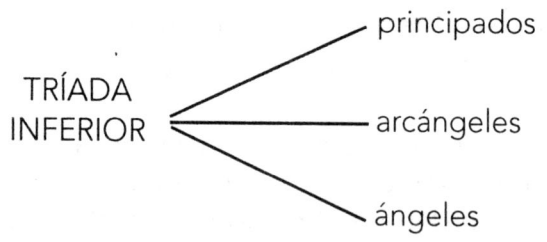

TRÍADA INFERIOR
- principados
- arcángeles
- ángeles

*En Summa Teologica.
**De Coelesti Hierarchia.

SERES DE LA TRÍADA SUPERIOR

- **SERAFINES**

Son quienes más cerca se hallan de Dios.
Se trata de espíritus puros y luminosos, que simbolizan el amor absoluto.
Se los ha descripto como poseedores de seis alas: dos, cubren su rostro; otras dos, los pies; y el par restante les permite volar.
La capacidad distintiva de esta especie angélica es aliviar el dolor que nos causa una separación o una pérdida.

- **QUERUBINES**

El nombre con que se los designa proviene del hebreo kerubim, que significa "los próximos", ya que se encuentran en el segundo coro angélico.
Tienen como función principal custodiar el Jardín Celestial, y para ello emanan una luz poderosísima, que paraliza a quien quiera violar sus límites.

Cuando Adán y Eva fueron expulsados del Paraíso, un ángel terrible que empuñaba una espada de fuego los acompañó hasta el confín del Jardín del Edén y quedó allí, como fiero guardián, para impedir que retornaran.

• TRONOS

Se los ha descripto con la forma de grandes ruedas llenas de ojos*.

Reforzando esta idea, se los ha denominado también galgalines, del hebreo galgal, que tiene el doble significado de "rueda" y "pupila del ojo".

Generalmente se dice que son los de mayor tamaño, pero su cuerpo cambia de forma de acuerdo con la misión que se les asigne.

Su nombre se relaciona con su función específica: servir de asiento a Dios y a otros seres celestes, ya que en presencia del Creador quedan firmes como piedras.

Atento a esta cualidad, se los invoca para que infundan en nuestro espíritu la perseverancia.

Se dice que su presencia en la Tierra brinda fertilidad, ya que velan por la armonía en el plano de la Naturaleza.

*La palabra con la que se los denomina en hebreo significa tanto *rueda* como *pupila*.

SERES DE LA TRÍADA INTERMEDIA

- **DOMINACIONES**

    Su función primordial es velar porque se mantenga un equilibrio entre lo material y lo espiritual.
    Tradicionalmente se dice que fortalecen nuestros sentimientos de misericordia.

- **VIRTUDES**

    Se encargan de conceder milagros, según la voluntad del Creador. Se las describe como perpetuas hacedoras del bien, y como dadoras de gracias y bendiciones.

- **POTESTADES**

    Su función es protegernos del mal, alejarnos de las situaciones de conflicto, y guiar las almas hacia el Cielo.

SERES DE LA TRÍADA INFERIOR

• PRINCIPADOS

Dios les ha dado la misión de ser custodios de todo aquello que esté relacionado con la religión, entre los hombres y, además, de proteger las ciudades y naciones de la Tierra.

• ARCÁNGELES

Tienen la delicada misión de interceder entre Dios y los hombres, transmitiéndoles a estos últimos los mensajes del Creador. Para ello, una inmensa legión de ángeles están a su cargo, en aras de cumplir con dichas obligaciones.

• ÁNGELES

Como dijimos al principio de este capítulo, de todos los seres que integran la jerarquía celestial, los ángeles son los que más cerca están de los seres humanos.

Existe infinidad de ángeles, cada uno

EL ANTIGUO MÉTODO ADIVINATORIO DE LOS ÁNGELES GUARDIANES

con una función determinada. Entre ellos están los "ángeles guardianes", seres muy especiales con los que los hombres pueden contactarse de diferentes maneras: a través de la meditación y la posterior invocación, mediante la plegaria o, también, haciéndoles preguntas directas por medio del oráculo que se enseña a utilizar en las páginas de este libro.

El nombre de ángel indica su oficio, no su naturaleza.
Si preguntas por su naturaleza, te diré que es un espíritu;
si preguntas por lo que hace, te diré que es un ángel.

San Agustín

Los ángeles del Método Adivinatorio

De la variedad de especies angélicas que hemos nombrado, doce son los llamados –entre arcángeles y ángeles– a integrar el antiquísimo método adivinatorio que es motivo de este libro. Ellos son:

Uriel • Remiel • Hasmael • Rafael • Usiel
Teniel • Zafiel • Israfel • Shatfiel • Camael
Fenuel • Turel

A ellos es a quienes podrá recurrir para consultarlos sobre algún asunto en particular, por medio de la tirada de cartas angélicas y su interpretación.

Como veremos más adelante, cada uno tiene características particulares y se lo asocia con una cualidad principal, que es la clave para interpretar la respuesta que las cartas, combinadas según los caprichos del azar y el destino, darán a quien las consulte.

En las lenguas semitas primitivas la terminación "el" o "il" significaba "Dios" o "de Él".
Por ejemplo, Ariel significa "león de Dios". Remiel, en cambio, significa "misericordia de Dios".

Instrucciones para consultar

el oráculo
de los
ángeles
guardianes

EL ANTIGUO MÉTODO ADIVINATORIO DE LOS
ÁNGELES GUARDIANES

Preparación del tablero y las cartas

- Desprenda las páginas precortadas donde se hallan el tablero y las cartas. Recorte las cartas y el tablero y péguelos, si lo desea, sobre un cartón o cartulina, de color a elección. El tablero debe quedar armado de la siguiente manera:

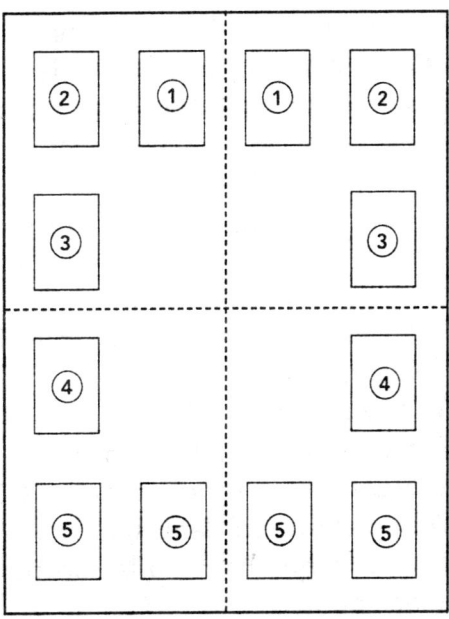

- Antes de comenzar la tirada, ubique el tablero sobre la mesa, tome las cartas, mézclelas y déjelas boca abajo, a un lado del tablero.

Posición de las cartas

La respuesta central a cualquier pregunta estará dada por las primeras cuatro cartas del mazo. Las restantes servirán para realizar nuevas preguntas relacionadas con la pregunta inicial.

Las cartas se disponen sobre el tablero, siempre boca abajo, en el siguiente orden (guíese por el esquema de página siguiente):

Carta 1: posición 1 derecha.
Carta 2: posición 1 izquierda.
Carta 3: posición 5 derecha interior.
Carta 4: posición 5 izquierda interior.

Para interpretar la respuesta a la pregunta formulada debe tener en cuenta que cada posición en el tablero posee un significado especial. Así:

Posición 1 derecha: indica la RESPUESTA CENTRAL a la pregunta.

Posición 1 izquierda: indica las INFLUENCIAS INMEDIATAS que rodean a la situación.

Posición 5 derecha interior: indica el CONTEXTO ACTUAL en el que se da la situación, es decir, cómo los aspectos que hacen a la cuestión se encuentran relacionados.

Posición 5 izquierda interior: indica las INFLUENCIAS MEDIATAS que, si bien son leves, pueden llegar a interferir.

El antiguo método adivinatorio de los ÁNGELES GUARDIANES

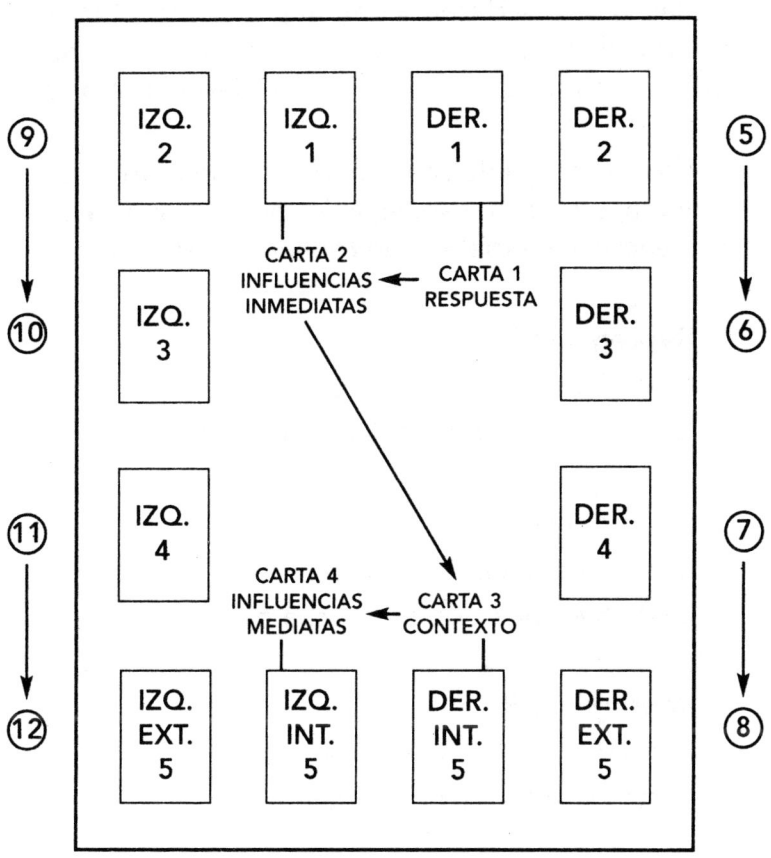

La respuesta se obtiene a través de la interpretación de los consejos de las cuatro cartas de acuerdo con la posición que ocupan en el tablero.

Si la respuesta no resulta satisfactoria o genera dudas, o bien si desea saber un poco más sobre el asunto, tiene la posibilidad de realizar cuatro repreguntas puntuales sobre lo que desea aclarar o expandir.

Cada repregunta se reponde con dos cartas. La primera, ofrece la respuesta; la segunda, indica las influencias inmediatas que rodean a la situación.

Repregunta 1:
Carta 5 en posición 2 derecha.
Carta 6 en posición 3 derecha.

Repregunta 2:
Carta 7 en posición 4 derecha.
Carta 8 en posición 5 derecha exterior.

Repregunta 3:
Carta 9 en posición 2 izquierda.
Carta 10 en posición 3 izquierda.

Repregunta 4:
Carta 11 en posición 4 izquierda.
Carta 12 en posición 5 izquierda exterior.

Para una mayor comprensión, guíese por el esquema de la página anterior.

Tirada

Realice la pregunta que desea conocer y ubique, boca abajo, las cuatro cartas.

Dé vuelta la primera carta, identifique el ángel que quedó ubicado en esa posición y busque su consejo. Los consejos de los ángeles guardianes se encuentran a partir de la página 23. Anote el consejo para la RESPUESTA.

A continuación, realice el mismo procedimiento con las tres cartas restantes, anotando los consejos para las INFLUENCIAS INMEDIATAS, el CONTEXTO y las INFLUENCIAS MEDIATAS.

Realice la interpretación global de la respuesta. Si desea aclarar alguna duda o conocer más aspectos de la situación, tome el mazo en su mano, realice la primera repregunta y ubique las cartas 5 y 6 como se ha indicado. Evalúe la respuesta en su totalidad, relacionando los diferentes consejos ofrecidos por los ángeles guardianes.

Si la situación quedó aclarada o no siente la necesidad de continuar repreguntando, reúna el mazo y mezcle las cartas nuevamente antes de formular una nueva pregunta inicial.

Caso contrario, continúe realizando las restantes repreguntas siguiendo el orden que se ha indicado con anterioridad.

Un ejemplo de consulta

Una persona consulta acerca de la posibilidad de formar pareja con alguien a quien acaba de conocer y que realmente la ha deslumbrado. Realiza la tirada y obtiene los siguientes consejos:

ORDEN DE CARTA	ÁNGEL	POSICIÓN	CONSEJO
1	ISRAFEL	1 DER. Respuesta	Con sólo decidirlo se podrán alcanzar el dinamismo y la vivacidad necesarias.
2	REMIEL	1 IZQ. Influencias inmediatas	La constancia necesaria se logrará con modestia, sensatez y buena voluntad.
3	TUREL	5 DER. INT. Contexto	Demasiado empeño y tenacidad. Exceso de insistencia, la que puede percibirse como dureza.
4	RAFAEL	5 IZQ. INT. Influencias mediatas	Los sentimientos o afectos de cualquier tipo se expresan de un modo desmedido o no son sinceros.

Ejemplo de interpretación

La respuesta es positiva. El primer paso consiste en tomar la decisión de actuar en pos de ese objetivo, teniendo en cuenta que la constancia juega un papel primordial.

El contexto indica que, de no tener cuidado, los excesos pueden interferir en forma negativa. Cuidado con el modo de expresar el amor ya que puede traer confusiones en la pareja.

Guía para interpretar
el consejo de los ángeles guardianes

*Este antiguo Oráculo de los Ángeles Guardianes
(conocido desde la Baja Edad Media) era empleado
como medio de comunicación entre los hombres
y sus Ángeles Guardianes.
A través de él, al realizarse una consulta
y echarse las cartas, los ángeles guiaban a los mortales,
proponiéndoles o sugiriéndoles
un camino a seguir.*

Uriel
El ángel de la verdad

1 CABEZA	La serenidad que se necesita puede alcanzarse más con la mente que con el corazón. Reflexionar.
2 CIELO	Despejar lo confuso y lo ambiguo es lo aconsejable.
3 MANOS	No existe claridad en lo que se da y posiblemente, tampoco autenticidad.
4 PIES	La realidad es vista y encarada con verosimilitud.
5 TIERRA	Impera la verdad, no hay cosas ocultas, y lo que está en penumbras, se ilumina.

EL ANTIGUO MÉTODO ADIVINATORIO DE LOS
ÁNGELES GUARDIANES

Remiel
El ángel de la humildad

1 CABEZA	La constancia necesaria se logrará con modestia, sensatez y buena voluntad.
2 CIELO	Cualquier acto de ostentación y superioridad es inaceptable.
3 MANOS	Falta de modestia y humildad
4 PIES	La necesaria y justa humildad y modestia es lo que impera.
5 TIERRA	La modestia y la docilidad son aparentes. Falsa humildad.

Hasmael
El apasionado de Dios

1 CABEZA	No deben presentarse grandes dificultades para que la pasión se motive y acreciente.
2 CIELO	A veces la pasión impera en los sueños.
3 MANOS	Existe una evidente falta de pasión, de ardor, de empuje.
4 PIES	Las pasiones están en equilibrio.
5 TIERRA	Lo apasionado se tornará en exaltación y hasta furia. Descontrol de los sentimientos.

EL ANTIGUO MÉTODO ADIVINATORIO DE LOS ÁNGELES GUARDIANES

Rafael
El amor que cura

1 CABEZA	Deben atenuarse las defensas, desechar las "corazas protectoras" para que puedan despertar los sentimientos.
2 CIELO	Reparar lo que está dañado, lastimado, agredido, atacado.
3 MANOS	Deben mostrarse los sentimientos ocultos, exponerlos, darlos a conocer.
4 PIES	Mesura en los sentimientos.
5 TIERRA	Los sentimientos o afectos de cualquier tipo se expresan de un modo desmedido o no son sinceros.

Usiel
La fuerza de Dios

1 CABEZA	No es necesario tomar muchas decisiones. Es posible que con una sola baste.
2 CIELO	Debe buscarse que la fuerza empleada sea la justa.
3 MANOS	Se nota la falta de resolución, la incapacidad o la falta de voluntad para tomar decisiones.
4 PIES	Las decisiones son las correctas, están en armonía con el contexto.
5 TIERRA	Se están tomando decisiones que carecen de sentido o de importancia. No son las necesarias.

EL ANTIGUO MÉTODO ADIVINATORIO DE LOS ÁNGELES GUARDIANES

Teniel
La perfección de Dios

1 CABEZA	Hay que proponerse pensar, meditar, reflexionar sobre lo que se da. Lograrlo es posible.
2 CIELO	Ser inteligente es percibir y asociar lo que se presenta disperso.
3 MANOS	No se actúa de manera inteligente.
4 PIES	La agudeza y la lucidez se aplican para afrontar la situación.
5 TIERRA	Se sobreestima la inteligencia del protagonista de la situación.

Zafiel
El espía de Dios

1 CABEZA	Se debe ser aún más sagaz, emplear mejor la astucia, ser más hábil.
2 CIELO	Debe hacerse un esfuerzo para captar e interpretar los detalles o pormenores.
3 MANOS	Falta de tacto; insuficiente habilidad y pericia.
4 PIES	La astucia aplicada a la situación es la apropiada.
5 TIERRA	No está puesta en juego tanta sagacidad ni pericia ni destreza. Todo es menos importante de lo que se supone.

EL ANTIGUO MÉTODO ADIVINATORIO DE LOS ÁNGELES GUARDIANES

Israfel
El fuego de Dios

1 **CABEZA**	Con sólo decidirlo, se podrán alcanzar el dinamismo y la vivacidad necesarias.
2 **CIELO**	Lo que deba hacerse, habrá que hacerlo con rapidez.
3 **MANOS**	El dinamismo y la agilidad están muy atenuados o no existen.
4 **PIES**	La fuerza, el empuje, la dinámica se ajustan a lo que la situación exige.
5 **TIERRA**	Lo que sucede es consecuencia del apresuramiento, del exceso, de la vehemencia.

Shatfiel
El ángel de la justicia

1 CABEZA	Es necesario que se emplee un poco más de sensatez, ser un poco más prudente.
2 CIELO	Deben tenerse en cuenta los matices, sin tomar decisiones basadas en visiones extremas.
3 MANOS	Reina la imprudencia. Hay inmadurez en la conducta.
4 PIES	Se actúa con la prudencia que la situación exige.
5 TIERRA	Hay demasiada cordura, sensatez, prudencia en juego. Las precauciones son exageradas.

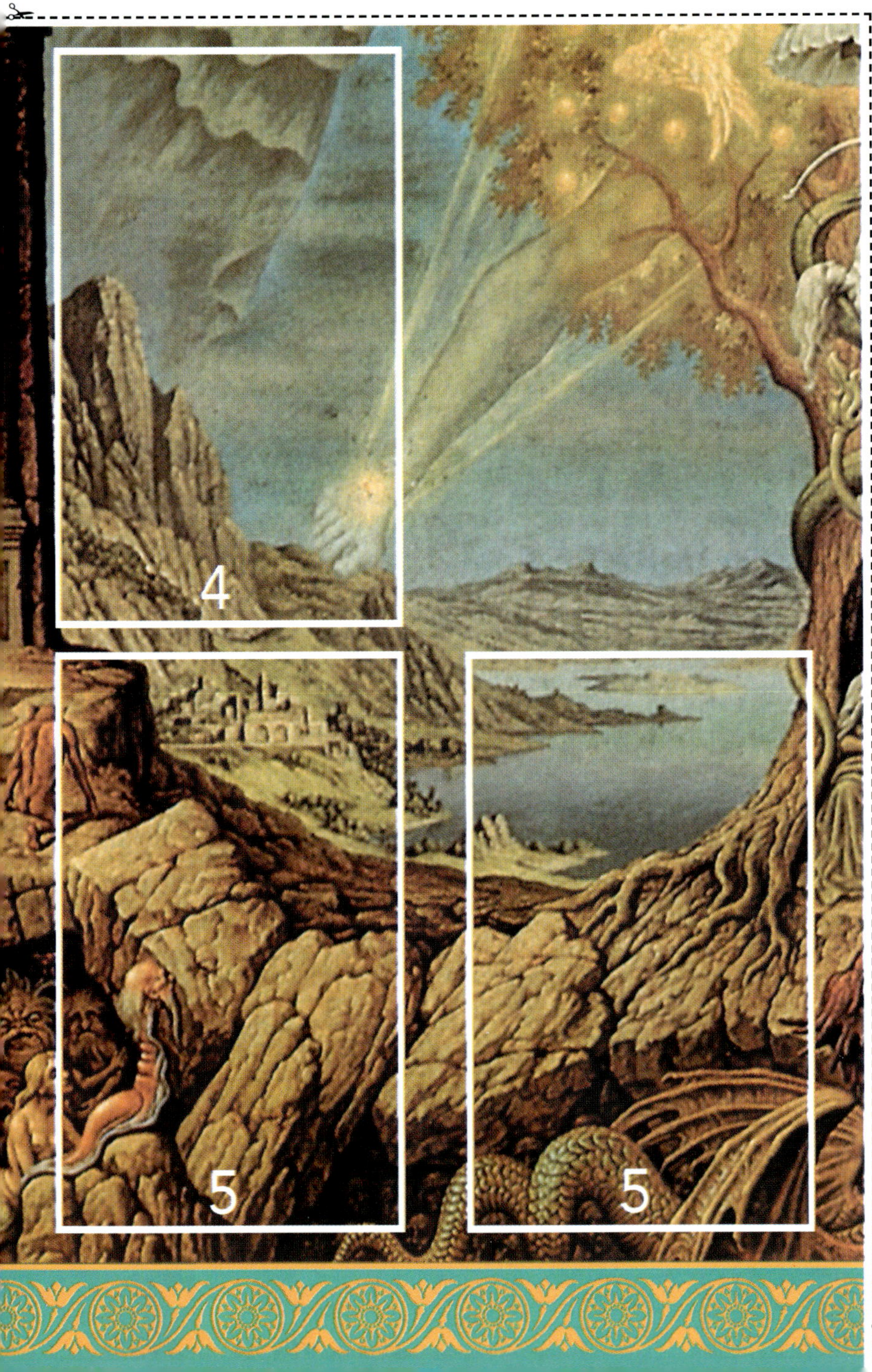
4
5
5

Uriel — Verdad

Lemiel — Humildad

Casmael — Pasión

Rafael — Amor

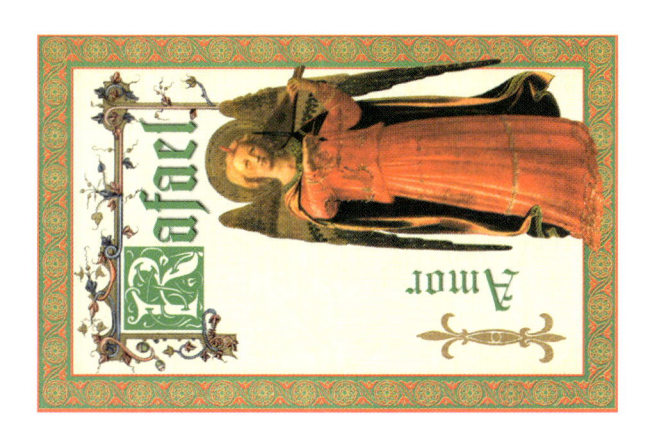

Uriel — Fuerza

Peniel — Inteligencia

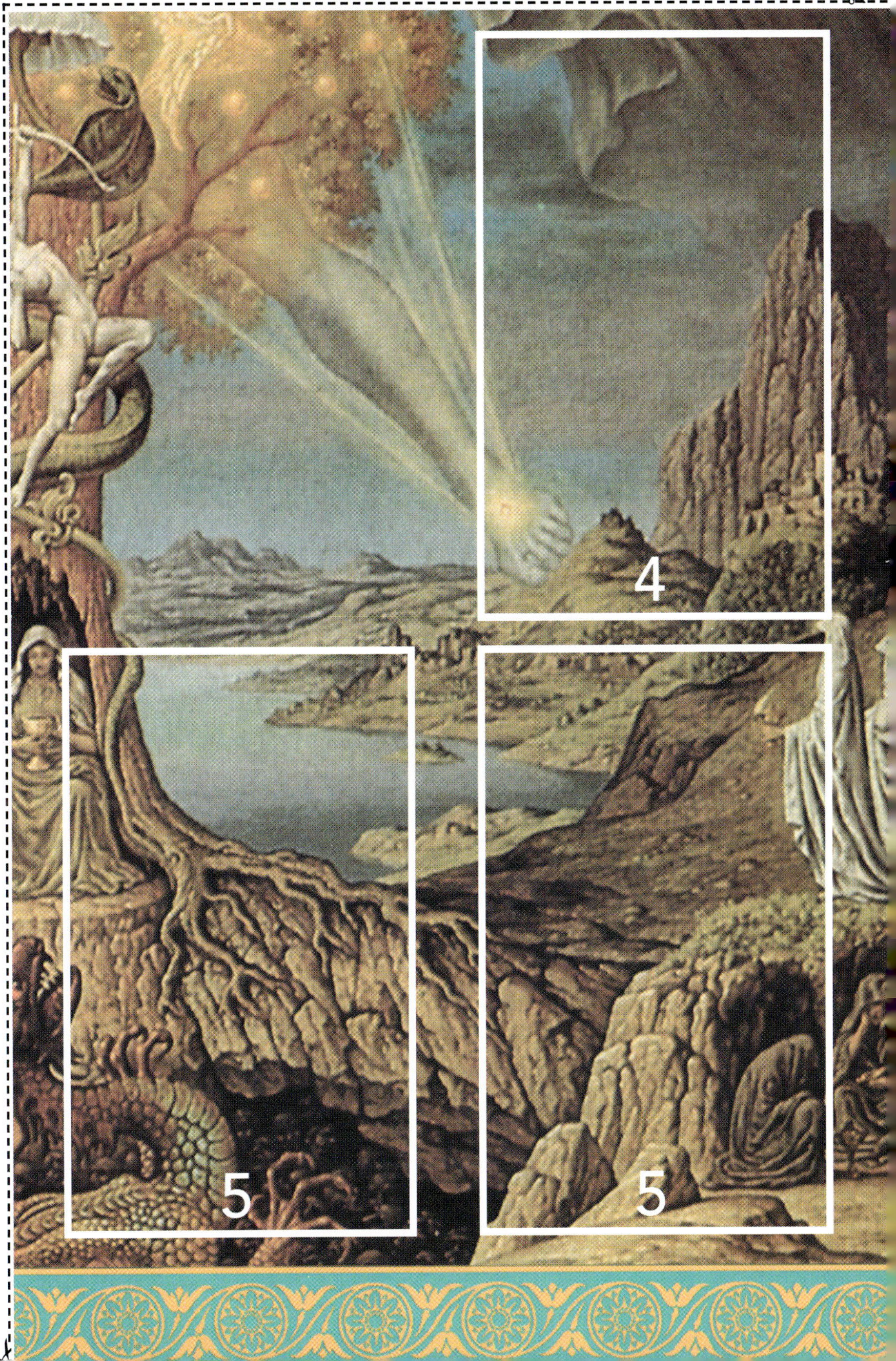
4
5
5

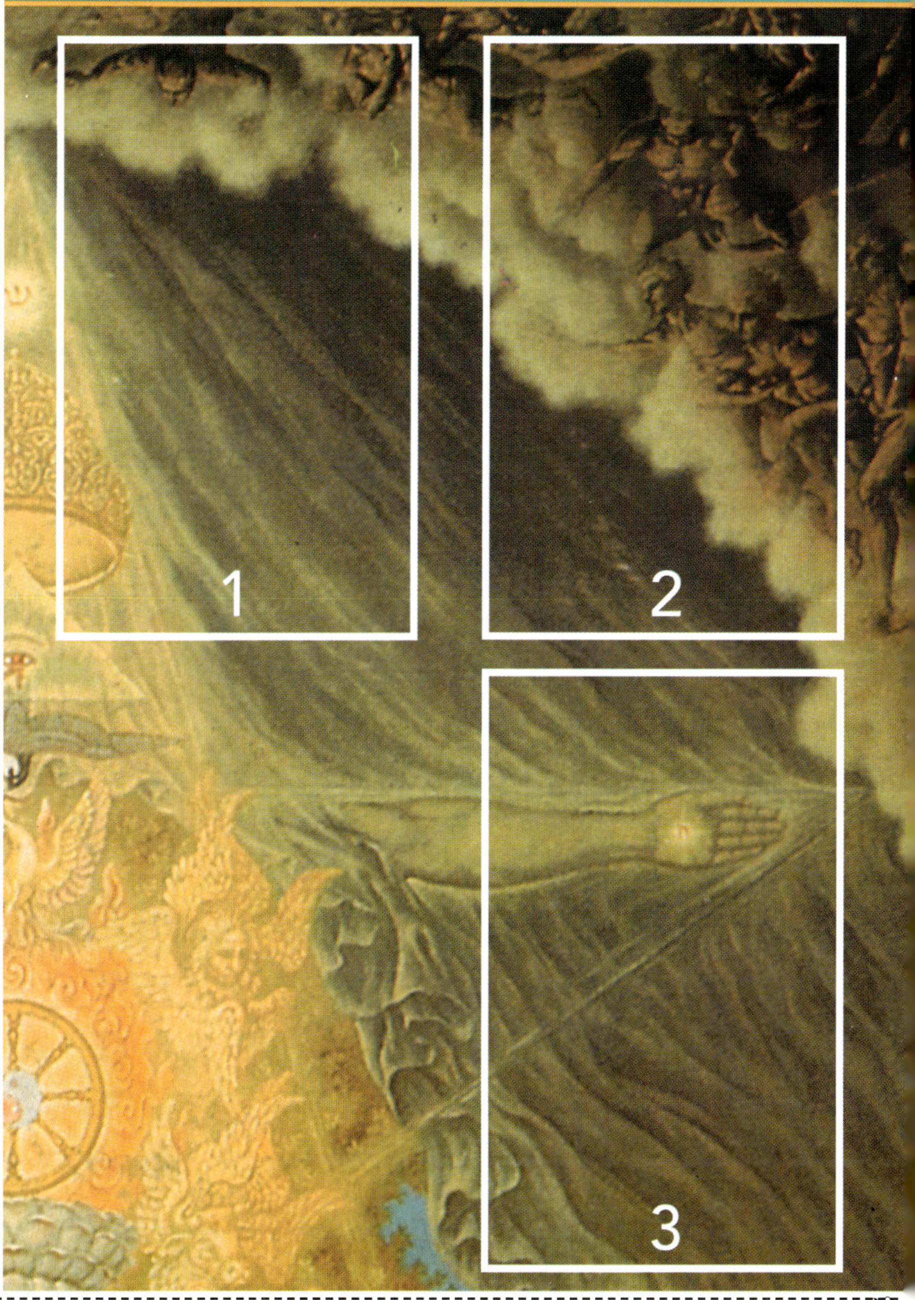
1
2
3

Samael
Moderación

Jenuel
Serenidad

Jurel
Constancia

EL ANTIGUO MÉTODO ADIVINATORIO DE LOS ÁNGELES GUARDIANES

Camael
El ángel de la mesura

1 CABEZA	Debe "ajustarse el control", ser un poco más meticuloso y procederse con más calma.
2 CIELO	Rozar, en lugar de tocar; acariciar, en lugar de palmear.
3 MANOS	El descontrol es evidente. Turbulencias y perturbaciones.
4 PIES	La mesura reina en la situación.
5 TIERRA	Existe un exceso de control, demasiada represión que ahoga y sofoca.

Fenuel
El ángel de la calma

1 CABEZA	La serenidad es necesaria para la reflexión, pero reflexionar origina serenidad.
2 CIELO	La calma acarrea la paz, y ésta, la serenidad necesaria.
3 MANOS	Falta la serenidad necesaria.
4 PIES	La serenidad y la calma que se han empeñado son suficientes.
5 TIERRA	Exceso de apacibilidad. Impavidez e, incluso, indiferencia.

EL ANTIGUO MÉTODO ADIVINATORIO DE LOS
ÁNGELES GUARDIANES

Turel
El ángel del tesón

1 CABEZA	Si se lo propone, si lo desea, podrá ser más constante y tenaz.
2 CIELO	Persistir es durar más, es tener más posibilidades.
3 MANOS	No existe perseverancia. Carencia de tesón, de consistencia.
4 PIES	La constancia está en su justa medida: no es ni más ni menos que la que se necesita.
5 TIERRA	Demasiado empeño y tenacidad. Exceso de insistencia, la que puede percibirse como dureza.

El significado de
las cartas
DE
los 12
ángeles
guardianes
EN LA CORTE CELESTIAL

ANTIGUO ORÁCULO DE LOS TIEMPOS ARCAICOS

Uriel — El ángel de la verdad

Junto con Rafael, Miguel y Gabriel, éste es uno de los arcángeles reconocidos por el catolicismo y el judaísmo.

El ángel Uriel rige todo aquello que se relaciona con **LA VERDAD**:
AUTENTICIDAD
CLARIDAD
ILUMINACIÓN
CONFIANZA
SINCERIDAD

La aparición de esta carta expresa algo asociado con:
- una situación relacionada con la claridad, con la verdad, no confusa ni ambigua;
- la no existencia de ocultamientos, dobles sentidos o segundas intenciones, o de aspectos ignorados que están en la oscuridad;
- que la situación que se da es posible, no es ficticia, sino bien real;
- que existe autenticidad y sinceridad en el hecho, el que, sin dudas, es legítimo.

URIEL ES EL ÁNGEL DE LA RETRIBUCIÓN.

El primer ángel

Uriel

Luz de Dios

Es el ángel del arrepentimiento y tendrá una actuación fundamental el día del Juicio Final.

•

Se afirma que fue el ángel que le dio la Cábala a los hombres.

Los musulmanes lo llaman Israfel, confundiendo uno con el otro.

•

También se lo confunde con el ángel Fenuel. Esto sucede cuando Uriel aparece cerca del Trono de Dios. Entonces se lo designa como Ángel de la Presencia.

LA VERDAD

"MI ESPADA ES UN RAYO QUE FULMINA CUANDO SE FALTA A LA VERDAD."

FRANCIS ROLAND

Remiel — El ángel de la humildad

También pertenece a la jerarquía de los arcángeles, guía de los ángeles guardianes.

El ángel Remiel rige todo aquello que se relaciona con
LA HUMILDAD:
SENSATEZ
MODESTIA
DOCILIDAD
PASIVIDAD
RECATO
DECORO

La aparición de esta carta expresa lo relacionado con:
- las acciones propias del decoro, la cortesía, la docilidad;
- la no ostentación;
- la falta de soberbia, de omnipotencia;
- objetivos exentos de grandeza, de ampulosidad;
- el no llevarse las cosas por delante, sino aguardar con paciencia el momento preciso para actuar.

REMIEL ES EL ÁNGEL QUE VIGILA LA FALSEDAD O LA VERDAD DE LAS ACTITUDES HUMILDES.

El segundo ángel

Remiel

La misericordia de Dios

Es quien otorga el perdón a quien encara su vida con humildad.

•

Es el ángel de la piedad y la misericordia.

Remiel es "el Señor de las almas que esperan la resurrección".

•

Es el encargado de conducir las almas el día del Juicio Final.

LA HUMILDAD

"LA TRISTEZA Y EL PESAR REINAN EN EL CORAZÓN DE AQUEL QUE PIERDE LA HUMILDAD."

Hasmael — El ángel de la pasión

*Es el ángel de la pasión
en todos los órdenes: en el arte, en la vida,
en los emprendimientos
de todo tipo.*

El ángel Hasmael rige todo aquello que tenga que ver con **LA PASIÓN**:
TURBULENCIA
ÍMPETU
EMOCIÓN
PAROXISMO
FUROR
EXALTACIÓN
CONFUSIÓN

La aparición de esta carta expresa lo relacionado con:
- la fuerza y el empuje que sólo la pasión puede proveer para encarar determinados hechos y situaciones;
- el ímpetu que exige todo lo nuevo que se emprende;
- la exaltación frente a un hecho, que es lo que ayuda a encararlo.

HASMAEL ES EL ÁNGEL QUE CONVOCA A ENFRENTAR Y CONCRETAR GRANDES HECHOS.

El tercer ángel

Hasmael

El apasionado de Dios

Así como Teniel es el ángel de lo cerebral, Hasmael es el ángel de lo apasionado. Aquél rige el cerebro; Hasmael, el corazón.

Hasmael ha sido representado a veces como un ciego, tal como en ocasiones se presenta la exaltación de la pasión.

LA PASIÓN

> "LA VIDA DEBE SER ENCARADA CON PASIÓN, TAL COMO SE ENCARA LA RELACIÓN CON DIOS."

Rafael El ángel del amor

Uno de los cuatro arcángeles más conocidos,
que gobierna a las Virtudes
y protege el árbol del conocimiento,
del Bien y del Mal,
en el Jardín del Edén.

El arcángel Rafael rige todo aquello que tiene que ver con **EL AMOR:**
SENTIMIENTOS
AFECTOS
SENSIBILIDAD
EMOTIVIDAD
TERNURA
La aparición de esta carta expresa lo relacionado con:
- el afecto y los sentimientos que se ponen de manifiesto en un hecho, en una situación, o en una relación;
- el cariño y la ternura que despiertan un hecho, una persona, una situación;
- la emoción que provoca un hecho;
- el amor puesto en lo que se hace.

RAFAEL ES EL ÁNGEL DE LA PROVIDENCIA, EL "CURADOR DE DIOS" Y REGENTE DEL SOL.

El cuarto ángel

Rafael

El resplandor de Dios que cura

Guardián de la salud corporal.

•

Protector de los hombres.

•

Es el médico, el sanador, que cura con amor.

•

Patrono de los viajeros y peregrinos.

Ángel del Sol, transmite el fuego de la vida a todo el cuerpo.

•

Ángel del Conocimiento, inspirador del Arca de Noe, rector del clima.

EL AMOR

"EL AMOR ES LO QUE UNE, LO QUE REPARA, LO QUE CONTIENE, LO QUE APACIGUA Y, A LA VEZ, EXALTA."

Usiel — El ángel de la fuerza

Este ángel representa la determinación, la claridad de objetivos a la hora de tomar una decisión.

El ángel Usiel rige todo aquello que tiene que ver con
LA DECISIÓN:
VOLUNTAD
DETERMINACIÓN
EMPEÑO
SEGURIDAD
RESOLUCIÓN
ARROJO
VALENTÍA
CERTEZA

La aparición de esta carta expresa lo relacionado con:
- la firmeza para afrontar situaciones, para emprender lo que se ha propuesto;
- la resolución y la seguridad para actuar ante una situación dada;
- la capacidad de tomar decisiones, sin dudas ni titubeos, y brindando seguridad a los demás.

USIEL ES EL ÁNGEL QUE NOS FORTALECE PARA SOSTENER NUESTRAS RESOLUCIONES.

El quinto ángel

Usiel

La fuerza de Dios

Es el ángel opuesto a lo indeciso, a lo indeterminado, a lo dubitativo.

"Todo lo que no se encuentra de acuerdo con la voluntad de Dios, no puede ser realizado ni cumplido por los ángeles.

Usiel está relacionado con el ángel de la Verdad (Uriel) y con el ángel de la fuerza, de la potencia (Israfel).

LA FUERZA

"CUANDO UNO SE EMPEÑA EN ALGO DEBE EMPLEAR TODA LA FUERZA DE SU DECISIÓN PARA LLEVARLO A CABO."

Teniel El ángel de la imaginación

*Potencia la capacidad
para asociar ideas,
crear, imaginar.*

El ángel Teniel rige todo aquello que tiene que ver con
LA INTELIGENCIA:
COMPRENSIÓN
DISCERNIMIENTO
AGUDEZA
LUCIDEZ
IMAGINACIÓN
PERSPICACIA

La aparición de esta carta expresa lo relacionado con:
- la capacidad de aplicar la observación, el discernimiento, la comprensión y la lucidez para captar en todas sus dimensiones el hecho o situación que se enfrenta.
- la capacidad de discernir lo oculto y subyacente;
- la agudeza para captar la esencia de las situaciones, y la lucidez para decidir el rumbo a seguir.

Tanto el término hebreo MAL'AKH para designar al ángel, como el vocablo griego ANGELOS, significan "MENSAJERO".

El sexto ángel

Teniel

La perfección de Dios

Es el ángel que rige el mundo de las ideas.

Agudeza y perspicacia para percibir lo que subyace debajo de lo visible.

LA INTELIGENCIA

"ANTE CUALQUIER SITUACIÓN DEBE PRIMAR LA INTELIGENCIA: DISCERNIR, ANALIZAR CON LUCIDEZ."

Zafiel — El ángel de la astucia

*Es el ángel capaz de resolver
todo tipo de situaciones con habilidad,
mediante su astucia
y pericia.*

El ángel Zafiel rige todo aquello que tiene que ver con
LA HABILIDAD:
ASTUCIA
SAGACIDAD
PERICIA
TACTO
PERCEPCIÓN
DESTREZA

La aparición de esta carta expresa lo relacionado con:
- la capacidad de anteponerse o adelantarse a los hechos y acontecimientos, al comprender lo que sucede con gran astucia y sagacidad;
- la pericia para cumplir con cada uno de los pasos necesarios para llevar a cabo una misión;
- la astucia para no dejarse enredar, envolver, para no caer en trampas.

ÁNGEL DEL SEÑOR, QUE POR ORDEN DE SU PIADOSA PROVIDENCIA ERES MI GUARDIÁN, CUSTÓDIAME EN ESTE DÍA. ILUMINA MI ENTENDIMIENTO, DIRIGE MIS AFECTOS, GOBIERNA MIS SENTIMIENTOS PARA QUE JAMÁS OFENDA A DIOS.

AMÉN

El séptimo ángel

Zafiel

El espía de Dios

Silencioso, imperceptible, está donde no se lo advierte para ver lo que no se ve.

Está preparado para oír lo que no se oye, para registrar lo que se trata de ocultar.

LA SAGACIDAD

"PASAR DESAPERCIBIDO, ADVERTIR CADA DETALLE, Y SAGAZMENTE DECIDIR QUÉ SE DEBE HACER."

Israfel — El ángel ardiente

*A veces, se lo confunde con otro ángel,
ya que para los musulmanes Israfel es el nombre
que ellos le daban al arcángel Uriel.
Esto supone la unión del ángel de la justicia
con el ángel de la fuerza.*

El ángel Israfel rige todo aquello que tiene que ver con
LA POTENCIA:
AGILIDAD
DINAMISMO
VIVACIDAD
RAPIDEZ
VEHEMENCIA
La aparición de esta carta expresa lo relacionado con:
- la vehemencia, la diligencia, la prontitud en encarar lo que haya que hacer;
- la condición de estar siempre atento, activo, dispuesto, vivaz y ágil, sin dejarse estar jamás;
- el enfrentar las situaciones con gran dinamismo, sin un ápice de pasividad.

TAMBIÉN CONOCIDO COMO EL ÁNGEL DE LA MÚSICA,
SERÁ QUIEN TOQUE LA TROMPETA
EL DÍA DE LA RESURRECCIÓN.

El octavo ángel

Israfel

El fuego de Dios

Se lo conoce como el "Ángel Ardiente".

•

Los musulmanes lo consideran un arcángel despiadado, ligado al Juicio Final.

Según los musulmanes, contempla día y noche el infierno horrendo, provocándole amargas lágrimas, en tal profusión que si Alá no las contuviese podrían inundar la Tierra.

LA POTENCIA

> "PURA VIVACIDAD, COMO EL FUEGO."

Shatfiel — El ángel de la justicia

Está relacionado con la prudencia y la sensatez.

El ángel Shatfiel rige todo aquello que tiene que ver con
LA JUSTICIA:
CORDURA
SERENIDAD
PRECAUCIÓN
SENSATEZ
SABIDURÍA
PRUDENCIA
APLOMO
MADUREZ

La aparición de esta carta expresa lo relacionado con:
- una actitud de precaución en el diagnóstico de la situación que se presenta, y luego, de sensatez, de cordura para afrontar los pasos a seguir;
- la actitud adulta, madura, para encarar las cosas;
- la precaución y el tacto para enfrentar situaciones delicadas;
- la sabiduría que dan los años, y el aprendizaje de las experiencias vividas.

LA SABIDURÍA DE OBRAR CON MADUREZ.

El noveno ángel

Shatfiel

El saber de Dios

LA SABIDURÍA

> "OBRAR CON SABIDURÍA ES OBRAR CON SENSATEZ, CON APLOMO Y CON UNA FIRME SERENIDAD."

Camael

El ángel de la mesura

*Está relacionado
con la idea
de que todas las cosas
deben darse en su justa medida.*

El ángel Camael rige todo aquello que tiene que ver con
LA MODERACIÓN:
CALMA
CORDURA
TRANQUILIDAD
MESURA
CONTROL
METICULOSIDAD

La aparición de esta carta expresa lo relacionado con:
- la actitud de no pretender e incluso rechazar lo exorbitante, lo desmesurado, lo no previsto;
- una tendencia definida a evaluar lo justo, que corresponde a cada cosa, ser o situación;
- el carácter que rechaza a lo exagerado, lo desmesurado;
- la actitud permanente y vigilante para evitar todo aquello que propicie inestabilidad, en relación con una situación dada.

ALGUNAS VECES, POR ERRORES DE ESCRITURA, SE LO CONFUNDE CON SAMAEL, UNO DE LOS ESPÍRITUS MÁS PODEROSOS DE LOS INFIERNOS.

El décimo ángel

Camael

El que contempla a Dios

Todo en su orden y en su justa medida.

En la Cábala hebrea, es considerado como la personificación de la justicia y la severidad.

LA MODERACIÓN

"NADA AL AZAR, TODO BAJO CONTROL."

Fenuel — El ángel de la calma

*También es un arcángel,
según el Libro de Enoc.*

El ángel Fenuel rige todo aquello que tiene que ver con
LA SERENIDAD:
APACIBILIDAD
INMUTABILIDAD
IMPERTURBABILIDAD
CALMA
TRANQUILIDAD
La aparición de esta carta expresa lo relacionado con:
- la serenidad como actitud que permite afrontar cualquier dificultad con éxito;
- el equilibrio que se consigue adoptando medidas o cursos de acción, con calma y sin apuros, desechando la presión de la ansiedad;
- la actitud de quien no pierde la calma, el control de sí;
- la decisión de controlar los impulsos.

LA IMPASIBILIDAD DE LA DIVINIDAD.

El undécimo ángel

Fanuel

El rostro de Dios

LA SERENIDAD

"Deben imperar la calma y la serenidad en tus acciones: así de sereno es el rostro de Dios."

Turel — El ángel del tesón

*El ángel Turel está relacionado
con la idea rectora de
que la constancia
debe imperar por sobre
la impaciencia.*

El ángel Turel rige todo aquello que tiene que ver con
LA CONSTANCIA:
TESÓN
PERMANENCIA
TENACIDAD
EMPEÑO
TOSUDEZ
INSISTENCIA
PERSISTENCIA

La aparición de esta carta expresa todo lo relacionado con:
- la persistencia y el empeño en resolver y cumplir con el logro de un objetivo;
- la tenacidad que impide retroceder y bajar los brazos;
- la paciencia incansable que permite tolerar lo necesario hasta que llegue el momento oportuno de obrar.

PARA SER PERSISTENTE,
ES NECESARIA LA PACIENCIA.

─────────────────────── El duodécimo ángel

Turel

La roca de Dios

LA CONSTANCIA

> "LUCHARÉ SIN DECANSO, SERÉ DURO COMO UNA ROCA, PERSISTIRÉ."

Índice

Breves noticias sobre el mundo
de los ángeles 5

Instrucciones para consultar
el oráculo de los ángeles guardianes 15

Guía para interpretar el consejo
de los ángeles guardianes 23

El significado de las cartas
de los 12 ángeles guardianes 37

Este libro se terminó de imprimir en
GAMA PRODUCCIÓN GRÁFICA S.R.L.
Zeballos 244 • Avellaneda